ISBN 978-0-483-34720-5
PIBN 10406655

CASALINI

'Inesistenza Dei D
Politici Di Stampa

1898

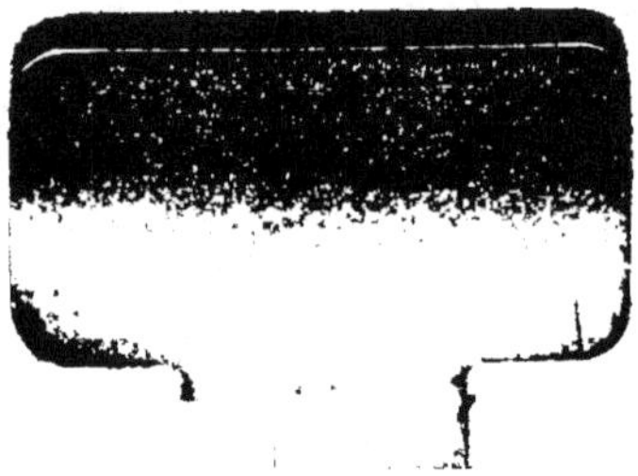

Al l'Ill. Comm. Prof. Lucchini
modestissimo e rispettoso
omaggio
dell'autore

DANTE CASALINI

L'INESISTENZA

DEI DELITTI POLITICI DI STAMPA

SECONDO I SUPREMI PRINCIPII DEL DIRITTO

DISSERTAZIONE PER LAUREA

SVOLTA IL 22 LUGLIO 1897

nella R. Università di Padova

LUCCHINI

DANTE CASALINI

L'INESISTENZA

DEI DELITTI POLITICI DI STAMPA

SECONDO I SUPREMI PRINCIPII DEL DIRITTO

DISSERTAZIONE PER LAUREA

SVOLTA IL 22 LUGLIO 1897

NELLA R. UNIVERSITÀ DI PADOVA

For 7X

C

Lo spettacolo increscioso, che ci presenta oggi la stampa, soffocata com' è da bavagli e avvinta da manette, mi inspirò il pensiero di sostenere in questa dissertazione, come sia consentanea a i supremi principii del diritto la sua più ampia e perfetta libertà e come, in vece, sia da ritenere illegale e dannoso qualunque freno impostole da i poteri esterni, politici o sociali.

Ma non mi sarebbe stato facile nè, ritengo, possibile, restringere in un lavoro di saggio, quale dev' essere questo, la trattazione di un tema, che si presenta così complesso e così variamente faccettato, da richiedere una minuta disamina di tutte le manifestazioni della stampa, considerate rispetto a le cause e a gli effetti loro; perciò, riservandomi di trattare l' argomento nella sua interezza, quando che sia, mi restringerò oggi a considerare la sola parte, che riguarda il delitto politico.

Non senza un fremito di paura, certe anime timorate sentono parlare di stampa sovversiva, di giornali, di libri, di manifesti sequestrati per eccitamento a l' odio contro il governo o fra le varie classi sociali, per apologia di reato, per provocazione a la guerra civile, per attacchi a questa o a quella istituzione, per vilipendio a la morale, e, nella loro ipocondriaca ignoranza, non solo innalzando inni di lode a chi ha saputo, con un savio sequestro, evitare a la società chi sa quali terribili perturbazioni, ma, aizzate sovente da la turba dei vibrioni politicanti, invocano da lo stato i più feroci provvedimenti contro questo focolare di corruzione e di rivolta.

Tali voci senili, che ancora qua e là si odono, rappresentano l' epicedio di un passato oscuro, che contrasta con le presenti manifestazioni di vita, di pensieri, di fede.

Ha fatto omai il suo tempo quella scuola illiberale, che asseriva essere la libertà della stampa una pura elargizione dello stato, il quale, nella sua prudenza, può concederla o toglierla, quando meglio gli aggrada. Anche questo genere di statolatria, come, in generale, tutti i feticismi e le dottrine cortigiane, che, nel passato, segnano il martirologio dell' umano pensiero, va morendo di mal sottile.

Il gran colpo al vecchio mondo fu dato il giorno, che la dichiarazione dei diritti dell' uomo ruinò tutto il barbaro maniero di privilegi, di tradizioni, di ingiustizie, cui l' egoismo dei pochi aveva eretto a danno dei molti, ed è fatale che certe cadute storiche sieno eterne.

Ma tutto non è fatto: del fosco edificio rimangono ancora i ruderi accumulati, che impediscono a l'umanità di avanzare libera su la tragica via della storia.

La libertà di pensiero — già che la stampa altro non è che un mezzo di esplicazione dell' umano pensiero — riposa sopra un diritto essenzialmente intellettuale, che trova la sua ragione d'essere nella essenza intima dello spirito, perchè, essendo questo di per sè sovrasensibile, non entra nell' orbita del giure e, come tutte le cose incoercibili, sfugge a qualunque vincolo dello stato.

Non basta; se l'intelletto è la prima delle umane facoltà, il pensiero, che è un atto di questa facoltà principe, deve necessariamente sovrastare a qualsiasi volontà esterna e, per conseguenza, deve aver libera ogni esplicazione, altrimenti la libertà sua sarebbe puramente nominale e irrisoria.

Vero è che tale esplicazione, rivestendo forma sensibile con la stampa, diventa oggetto di diritto, ma io credo di poter affermare che, data la sua particolare natura, la sua impotenza a nuocere, l'inefficacia delle leggi che la governano e l'alta missione che deve compiere nel genere umano, non debba essere considerata alla stregua di tutti gli altri enti del diritto e che sia da ritenere antigiuridica e pericolosa la legge, che ne sopprima o ne restringa la libertà.

Solo, per eccezione, si può ammettere che, qualora tale libertà arrechi danno a privati cittadini, possa intervenire il diritto comune e obbligare il responsabile ad un congruo risarcimento.

Alcuni filosofi, quasi per iscusare l'intervento dello stato in tale materia, affermano che il pensiero, quale movente della volontà, può spingere questa ad azioni contrarie al diritto.

Ciò non mi pare perfettamente logico.

La credenza nei delitti politici di stampa è fondata appunto sopra questo pregiudizio: che la ragione sia onnipotente e irresistibilmente suggestiva, quando parla, impotente e supinamente passiva, quando ascolta. Ma parli o ascolti, non è forse sempre la medesima ragione, giudice di ogni verità, che, a guisa di saggiatore, pesa gli argomenti che le si presentano?

Quando una intelligenza si rivolge ad un'altra intelligenza non le impone, ma le propone la sua opinione, sì che l'altra è libera di accettarla o di respingerla. Se l'accetta, tale adesione presuppone la verità, se la respinge, si presume la falsità; ma nell'un caso e nell'altro è iniqua ogni repressione legale, in quanto se l'opinione è giusta, si toglie a chi legge il modo di lasciare l'errore per la verità, se è falsa, gli si toglie il beneficio, non meno grande, di considerare, con più chiara percezione, la verità, messa a confronto dell'errore.

Del resto, chi mai può seriamente atteggiarsi a infallibile censore del cervello umano, facendosi poliziotto delle idee? Nessuno, nè cittadino, nè funzionario, nè stato può arrogarsi il diritto di reprimere un pensiero, neppure se in esso v'ha convinzione di falsità, perchè nessuno può vantare il privilegio della certezza assoluta e togliere a gli altri il modo di giudicare da sè stessi.

" Quand' anche tutta la specie umana, meno uno, avesse un' opinione e quest' uno fosse d' opinione contraria, l' umanità non avrebbe maggior diritto di imporre silenzio a questa persona, che questa persona, ove lo potesse, di imporre silenzio all' umanità. „

Così lo Stuart - Mill, nel primo capitolo della sua opera *The Liberty*, dove, con mirabile vigoria di logica e finezza d' analisi, dimostra il diritto a la piena libertà di professare e discutere, comunque si voglia, qualsiasi dottrina, per quanto possa reputarsi immorale.

Sia pur libero il pensiero, ammettono alcuni, con bizantino accorgimento, sia libero il pensiero, ma non la volontà, perchè, se la mente ha diritto di investigare, esaminare, discutere ogni cosa, non si può per questo permetterle di spingere la volontà ad agire contrariamente al diritto codificato. Quando la mente — continuano essi — abbandona il campo teorico della speculazione, per entrare in quello pratico e più accessibile della propaganda agitatrice, quando da la investigazione passa a la istigazione, si fa conscia e volontaria motrice di atti delittuosi e passibili di pena. Provvido e necessario riesce allora l' intervento della legge, per la tutela dell' ordine sociale minacciato.

Ma l' argomento è alquanto eristico e la distinzione, troppo sottile, non persuade.

Se questa volontà, cui si accenna, è la volontà obbiettiva, vedremo più innanzi come manchi ogni rapporto diretto, ogni vincolo tra il pensiero dello scrittore e la volontà dei lettori; se invece si accenna a la volontà soggettiva, cioè al deliberato proposito, in chi scrive, di eccitare gli altri al delitto, in questo caso lo scrittore è responsabile, ma la responsabilità sua deve essere solamente morale, come quella che deriva da una specie di colpa, contro il ritmo e la prosodia del mondo spirituale, in un dato momento storico.

Ciò non può far meraviglia; anche il diritto penale comune, come, un tempo, il diritto romano, nei riguardi della punizione, mira solamente al fatto; l' elemento intenzionale deve essere ricercato solo in via complementare e sempre nello stesso soggetto che opera. Non ci fu che un solo diritto, che mirò a colpire la volontà, perseguitando la persona fino a le radici del male, il diritto cristiano, che è rimasto cristallizzato nella Collezione di Teodoro è nei Canoni penitenziarii del medio evo.

Dunque, anche se nella propaganda delle idee, per mezzo della stampa, vi ha eccitazione, non può esservi responsabilità giuridica, perchè non negli errori della mente, non negli attacchi innocui, non nella semplice volontà campata in aria, bensì nel fatto compiuto la colpa trova la sua ragione d' essere.

Ma, posto per un momento, che l' azione delittuosa cominci, nel reato politico, con la volontà effettiva, è certo che il principio direttivo per istabilire se a lo scrittore appartenga responsabilità giuridica, deve essere il nesso del pensiero con la volontà, dell'idea con la passione malvagia, della ricerca speculativa con l'eccitamento.

Or bene, dato questo, niuno potrà negare la difficoltà di stabilire, con sicura e obbiettiva coscienza, la linea divisoria tra il pensiero e la volontà, che spesso si compenetrano e ognuno dovrà riconoscere che, con tale sistema, la stampa cadrebbe in balìa di tutti gli arbitrii polizieschi, perdendo ogni sua libertà, perchè questa non può esistere, quando il sopprimerne o il sospenderne l'esercizio dipende dal beneplacito della polizia.

Da l'analisi di questo fenomeno, che è l'eccitamento, balzano fuori altre considerazioni. Lo scrittore, mentre compone, può egli stesso essere soggetto a una eccitazione, a una alterazione intima, proveniente dal lavorio interno delle cellule cerebrali, che agisce sopra lo spirito. A seconda della varia costituzione istologica cellulare e della maggiore o minore vivacità di quel lavorío interno, l'idea sboccia dal cervello più o meno viva, più o meno violenta e, a seconda del temperamento psicopatico di chi scrive, si riveste di una forma sensibile, che può anche darle o toglierle il carattere sovversivo o violento.

Potrebbe quindi accadere che uno scrittore si vedesse processato e condannato, pur non avendo avuto intenzione di varcare la linea legale o, vice-versa, che non fosse molestato, per aver saputo mascherare, con forma blanda, il pensiero eccitatore.

Si consideri in oltre — e questo a proposito della volontà oggettiva — che egli non ha modo di misurare l' effetto, che un pensiero o una espressione può eventualmente produrre nei diversi cervelli della moltitudine che legge: la stessa idea, in una mente fredda, non attechisce e muore; in una mente equilibrata si plasma, si modifica, si corregge; in una mente esaltata può ingigantire e scoppiare in atti violenti. Ma dov' è la base della responsabilità giuridica?

Or non è molto, a Parigi, seguì un fatto strano: fu rinvenuto, nascosto accuratamente in un vecchio palazzo, il cadavere di un giovinetto quindicenne.

L' istruttoria, in breve, assodò che l' infelice era stato strangolato da una cameriera iperestetica, di lui follemente innamorata.

Il giudice istruttore, avendo notato come alcuni particolari del crimine somigliassero stranamente a quelli contenuti in un romanzo dello Zola, fece delle indagini in proposito e non tardò a stabilire che quel romanzo, *Per una notte d' amore*, era stato l' ultimo letto da la sciagurata, prima di compiere il delitto.

Naturalmente non mancarono gli osservatori di corta vista, i quali colsero l' occasione, per dare il travaso a la loro bile e predicare contro la libertà della stampa; anzi, fra essi, qualcuno giunse al punto, da indicare lo Zola, quale responsabile del delitto di eccitamento.

Ma perchè allora non far dipendere la velata immoralità d'oggi, da l'immoralità sapiente del Baudelaire, il cui mazzo di fiori avvelenati sparse, per tutto il mondo elegante, quei profumi sottili e intensi, a base di arseniato di rame, che sconvolgono i sensi, come rabide carezze?

Per questi bottegai della morale, Edgardo Poe, Ugo Foscolo e Giacomo Leopardi, sono i nuovi facinorosi, che spingono le anime ingenue al delitto e al suicidio: per essi la flagellazione del vizio equivale al vizio stesso; è un avvelenatore chi descrive la farmacia tossica dei Borgia; il giusquiamo e la belladonna sono criminosi; la virtù sta solo nei piselli e nei pomi di terra.

Sono varie specie di miopía, a le quali vanno soggetti non gli individui soltanto, ma anche — e più cronicamente — i governi.

Lo spavento paralizza la coscienza, massime quando, in quest'ultimi, è provocato da un cencio rosso o da un pugnale anarchico. Di fronte a certe perturbazioni sociali, a certi fenomeni delittuosi, non vedono, a traverso le cause apparenti, le vere cause determinatrici e colpiscono giù a la cieca, senza rendersi esatto conto dei loro atti.

Così, due anni or sono, qualche eccesso di fanatismo è bastato, per dar vita, in Italia, a un corpo draconiano di leggi eccezionali, quasi non bastasse un codice penale, dove, in altrettanti articoli, che sono altrettante ingiurie al progresso, a la civiltà e a lo spirito nostro d'Italiani, son conservati tutti i delitti contro il pensiero, contro i propositi, contro tutto ciò che rimane entro le coscienze e che sfugge o dovrebbe sfuggire a qualsiasi sanzione, secondo i sani principii del diritto.

Ma lasciamo stare ciò, che non entra nella stretta orbita del nostro argomento.

È principio assunto ora mai a maestà di canone, che il solo oggetto, per cui l'umanità ha diritto di intervenire individualmente o collettivamente, nella sfera della libera azione di ciascuno de'suoi membri, è la protezione di sè stessa e che l'unica ragione quindi, per cui il potere è legittimamente autorizzato ad usare la forza contro un membro di una civile comunità, è quella d'impedire che nuoccia agli altri.

Tutte le leggi adunque, che limitano o governano l'esplicazione del pensiero, si devono a la credenza che la stampa possa arrecare danno.

Or bene, io ritengo, in vece, che la stampa non abbia potere alcuno e che nessuna legge possa legittimamente essere ammessa a regolarne l'esercizio.

Questa impotenza della stampa, che a tutta prima può sembrare fantastica, si manifesta di per sè, purchè non la si consideri con criterii restrittivi o esclusivi.

In fatti, se la stampa avesse effettivamente quel potere, che tutti le attribuiscono, come spiegare il fatto che essa non è per anco riuscita a rompere le catene, che, quasi da per tutto, l'avviluppano e a conquistare la sua impunità?

Come spiegare il fatto che la libertà di contradire, pure essendo uguale, nella sua intima essenza, a la libertà di dire, non ha di questa le stesse prerogative?

Come spiegarsi che i giornali francesi, ammessa l'ipotesi che abbian potuto rovesciare il governo monarchico del 1814 e quello del 1830, non abbian poi potuto, con quella libertà più ampia, che emana sempre da un regime democratico, rovesciare pur anche la repubblica del 1870?

E pure, se c'era un governo, che, per le sue condizioni di debolezza, potesse essere con tutta facilità rovinato da la stampa monarchica, era certo il governo repubblicano creato da la Costituzione del 25 febbraio. Ciò non ostante, i più furiosi attacchi de' giornali avversi non gli hanno impedito di sventare tutti gl'intrighi orditi contro di esso e di assodarsi a detrimento de' partiti dinastici.

La stampa è, nell'ordine morale, ciò che è la luce, nell'ordine fisico.

Questa, rimovendo le tenebre, scopre le macchie, i difetti, la realtà, in una parola, nè basta che si spenga, perchè la realtà cessi di esistere. Quella addita errori, imposture, misfatti, ma ciò non fa sì che gli errori, le imposture, i misfatti cessino o esistano, perchè sono da essa additati.

Per chi bene osserva, la stampa non può nè creare,

nè distruggere, nè riformare. Che cosa ha essa creato? che cosa ha distrutto? che cosa ha riformato?

Essa non è la persuasione, è la contradizione. Che cosa è la contradizione? è il dubbio. Che cosa è il dubbio? l'impotenza.

Nessuna verità eterna le va debitrice del suo trionfo. La verità non trae la sua forza da la stampa, ma piuttosto questa trae la sua forza da la verità.

Certi salutari timori, che sembrano infondere i giornali, sono fittizii, perchè non dei giornali il colpevole ha paura, ma unicamente della verità: *il n' y a que la verité qui blesse*; la menzogna e la calunnia s'infrangono contro il silenzio del disprezzo. Questo sapeva bene il Marat, quando, parlando di Dunnourice, uscì a dire: " egli ha più paura della punta della mia penna, ch' io non ne abbia delle sciabole de' suoi sicari. "

Un governo può bene impedire a i giornali di dire ch'esso è dannoso, ma se tale è veramente, non durerà un giorno di più, che lasciando ad essi libera la parola.

Così i governi di Carlo X e di Luigi Filippo in Francia, di Isabella di Borbone in Ispagna e in Italia tutta quella turba di reattoli, duchi e granduchi protetti da l'Austria, non ostante la stampa imbavagliata da la censura, da i sequestri, da le condanne, finirono col rotolare nella polvere.

È in errore chi crede che i sovrani sieno più

securamente assisi su i loro troni negli stati, dove la stampa è oppressa, che in quelli dove essa può tutto dire e tutto contradire, tutto lodare e tutto biasimare: quanto a sicurezza, la regina Vittoria non ha nulla da invidiare a Nicola II e non è audacia affermare che l'ordine pubblico è più saldo in Inghilterra che in Russia, negli Stati Uniti che in Italia, nella Svizzera che in Turchia.

La stampa così detta sovversiva appaga anche facilmente l'indignazione del lettore e gli fornisce così un pretesto eccellente per non agire.

È il fischio assordante del vapore che erompe, diminuendo la pressione della caldaia. Generalmente il lettore è soddisfatto, quando, con qualche bollente monologo, si è potuto associare a una diatriba del suo giornale favorito: sfumati via via i vapori, ei ritorna a la calma consueta.

Un giornale potrà esagerare, potrà errare, ma non delinquere. Se, ad esempio, chiama uno assassino, non può fare che sia tale, se omicidii non ha mai commesso, e la calunnia, se tale è veramente, anderà a spezzarsi contro il giudizio supremo della coscienza pubblica, incorruttibile protettrice della società e dell'individuo.

Il giornalista disonesto che calunnia, che sostituisce a la critica il vilipendio, la malafede a la lealtà, non nuoce, in fine, che a sè stesso. Si lasci libero! La libertà sarà il suo gastigo.

Quanto più sarà disonesto, tanto più severa avrà la condanna.

Ciò che non faranno le leggi, faranno i costumi; egli, senza giudice, sarà condannato al regime cellulare, in piena società: a l'isolamento.

Ho detto e ripeto; la stampa non è un potere. Il fatto che non è libera prova che essa è impotente e i governi che la temono e la inceppano sono come quei ragazzetti che, di fronte a certe formidabili statue, non sanno nascondere un senso di paura.

Se la stampa, adunque, è impotente, deve andare libera e, una volta libera, dev'essere impunita: la libertà implica essenzialmente l'impunità.

Quel governo che primo avrà il coraggio di abolire tutte le leggi in tale materia, guadagnerà nella stabilità, quanto si guadagna in sicurezza, liberandosi da preconcetti e da vane paure; ma finchè vi sarà il pregiudizio dell'esistenza di questo potere, vi saranno sempre leggi contro gli scritti e contro gli scrittori, come, nel passato, finchè si credette a la potenza della magía, vi furono leggi contro gli stregoni e le diavolesse.

Per quanto strana e cabalistica, l'analogia non potrebbe essere più esatta; i giornalisti d'oggidì sono quello che i maghi e i fattucchieri nel cinquecento: le streghe di Macbeth rivivono nelle gazzette a un soldo. Un giorno non si comprenderà come i giudici di questa fine di secolo abbian potuto condannare, per la sola espressione d'un pensiero, tanti ingegni ribelli, nello stesso modo che a noi oggi riesce difficile comprendere come, un tempo, giureconsulti valenti abbian dato l'autorità del loro nome a la giurisprudenza penale, in materia di stregoneria.

Le leggi repressive su la stampa, per chi bene osserva, non fanno che creare il male; per esse, in fatti, a la franchezza ammonitrice, si sostituisce l'ipocrisia corruttrice; a la violenza di cui si diffida, la perfidia di cui non si sospetta.

I governi continuano a reprimere e il male a svilupparsi. Come i medicastri d'un tempo credevano di guarire il vaioloso, impedendo l'esplosione esterna del male, essi credono di salvare la società, cercando di inceppare, in tutti i modi, il movimento sociale e il lavorío inesorabile della storia.

Reprimere, in vece di confutare, fu la legge vana e ingiusta del passato; confutare, in vece di reprimere, sarà la legge naturale dell'avvenire.

Nell'aperto arringo della discussione, nelle battaglie dell'idea e della parola, la libertà di dire tutto avrà, per correttivo, quella di contradire a tutto; l'errore soccomberà a la verità, la calunnia al disprezzo, la violenza malvagia a la reazione della coscienza universale.

Così la libertà, rientrando ne' suoi limiti naturali, non avrà più bisogno di quelli arteficiali, che le sono imposti e che presentano, non fosse altro, l'inconveniente di essere inefficaci.

Vediamo, in fatti, la storia.

A che servirono gli arresti, gli editti, le sentenze, gli anatemi, le torture, onde il potere teocratico tentò di annientare le sétte ereticali, di impedire la libertà de' culti, di tagliare la via al libero esame, di soffocare le aspirazioni tutte del laicato ribelle?

Se, dunque, la repressione e la minaccia non combattono che per essere vinte, come prova l'esperienza, perchè non preferire ad esse l'impunità, che sarebbe più semplice, più umana e scevra da pericoli?

Perchè mantenere e perpetuare leggi e pene, la giustizia delle quali è, per lo meno, dubbia e l'inefficacia certa?

E, d'altra parte, che vale questa continua e affannosa manipolazione di leggi restrittive e repressive?

Forse che, volendo, non si può insinuare, in una forma, ciò che in un'altra è vietato?

È facile proibire l'offesa diretta, la violenza, l'attacco, l'eccitamento; ma come perseguire l'allusione, il sottinteso, il *persiflage* e tutti gli artifizii, i sotterfugi, i lenocinii retorici, che sono i ferri del mestiere di un arguto giornalista?

Nulla vi ha più sottile, che lo spirito dello scrittore, nè di più maligno, che quello del lettore e, quando la legge crede di aver interposto un ostacolo fra l'uno e l'altro, non ha fatto in vece che creare tra loro un tacito accordo, una specie di complicità intellettuale, che elude le più capziose precauzioni degli statuti criminali. Sotto la Restaurazione francese, bastava che su i giornali apparisse il disegno di un montone o ne fosse stampata la parola, perchè tutti vedessero un'allusione a Carlo X.

L'essere sospetto è una raccomandazione, afferma Victor Hugo. Il popolo subodora le cose proibite e le prende in buona parte; esso istintivamente favorisce quello che l'indice minaccia; la cosa denunciata è sempre una specie di frutto proibito; tutti corrono a darvi un morso.

Émile De Girardin, chiamato dal Vaudam il re dei giornalisti, difendendo, a spada tratta, la libertà della stampa, esce in questa sentenza: „ *Tout ce qu' on ajoute à la liberté de discussion, on l' ôte à sa puissance, on ajoute à sa puissance tout ce qu' on ôte à sa liberté. L' abus en detruit le danger. Ses véritables limites, ce sont ses propres excés.* „

Parole queste, che dovrebbero essere ponderate da quei moderni legislatori, i quali - immobili fachiri - si tengono attaccati a tutti gli antichi dommi, respingendo, o per paura o per ignoranza, ogni idea, che non abbia la rigidità e il sapore rancido delle formule sperimentate nei secoli scorsi.

Nello sviluppo storico delle umane libertà, questa, di cui parlo, rappresenta la genesi; con essa e per essa segue lo sviluppo regolare della libertà, nel campo religioso e morale prima, quindi in quello civile e commerciale e finalmente nell' ordine politico.

Senza la libertà di dire tutto, ogni lotta si presenta vana o pericolosa, perchè la forza emotiva, che è nell' idea, o si consuma, con l' annientarsi di ogni energia morale o, compressa empiricamente, si rattiene per poco, ma poi esplode e porta rovina. Come l'aria è necessaria al corpo, cosi la libertà più ampia è necessaria a l'idea. Non è possibile che senza questa libertà, una nazione si elevi dinanzi a sè stessa e dinanzi a le altre, perchè a i cittadini mancherà sempre il perfetto sentimento della loro personalità morale e dei diritti, che vi si connettono.

Tale libertà è uno dei primi bisogni della civiltà, è una condizione di esistenza per i popoli, che si rispettano e che vogliono essere rispettati anche da i loro governi, è un mezzo indispensabile a l' adempimento dell' umano destino, che anela a la piena luce del vero e a l' armonico movimento di tutte le libertà.

Questo vediamo nella storia, che non è una filosofia, non è una predica morale, ma una connessione logica e fatale di eventi: la libertà di esprimere i proprii pensieri e di affermare le proprie credenze, è l' indice infallibile del grado di carattere morale e civile di un popolo.

Nelle legislazioni primitive è proibito di pensare a cose nuove.

Il codice di Manù così si esprime: " Il costume immemorabile è la principale legge, approvata da la rivelazione. "

Disposti simili trovansi nelle leggi mosaiche, nel codice persiano Zend-Avesta e nel Ta-Tsing-Leu-Lee, che regge, anche attualmente, il Celeste Impero.

Presso gli Egiziani era così accentuato il misoneismo e l' odio contro il libero pensiero, che si riteneva empio colui, che avesse tentato di rompere le leggi immutabili, che teneano fissate la scoltura, la pittura, la danza.

A' tempi di Solone, tra gli Ateniesi, erano puniti di morte coloro che s' opponevano a una certa politica stabilita e, tra i Romani, ne' tempi più ferrei, si puniva, come tradimento, la manifestazione di opinioni eterodosse.

Nella più grigia età della Grecia, Socrate, volendo fondar la morale, come corruttore della gioventù, fu costretto a bere la cicuta e, in tempi non meno tristi, Gesù, volendo spargere la buona novella, contraria al credo de' sacerdoti ebraici, fu condannato al Golgota.

Nel Medio Evo, la Chiesa condanna Aristotele e, più tardi, nella stessa Italia ottenebrata, Galileo Galilei, inginocchiato dinanzi al Santo Uffizio, è costretto ad abiurare e maledire l' eresia del moto della terra.

Solo dopo la metà del secolo XVII la mente si snebbia ed il pensiero comincia ad affrancarsi da i dispotismi teologici e politici e solo allora, col sorgere del diritto naturale, sorge e si esplica quella tendenza innovatrice, che dà a i popoli il concetto e il valore della loro sovranità.

La discussione esce da la secolare prigionía ad annunziare l' età nuova: si diffonde nello spazio e nel tempo, entra, quale un diritto, nel dominio delle coscienze e affisa serenamente ed esamina, ciò che prima era oggetto di sacro terrore: il regicidio, gli assassinii politici, la resistenza armata al tiranno. Fatta più forte e ardita da la Rivoluzione francese, in cui il giornalismo si eleva a vera e propria manifestazione epica, essa riprende il cammino verso il secolo nostro e oggi, dopo una serie di alterne vicissitudini, presso di noi, reclama il suo diritto e si impone come una necessità.

L' Inghilterra è a l' avanguardia del progresso e la discussione ivi trova quella libertà e quella difesa, che s' addicono a una nazione forte e cosciente.

Movimenti convulsivi si ebbero vivissimi anche là, ma solo quando, a le tristi condizioni del paese, si aggiunse l'incoltura politica del popolo, che oggi è scomparsa sotto l'influsso benefico delle *Trade-Unions*. Solo la libertà genera il sentimento e la pratica della libertà.

Ora l' Inghilterra insegna a la vecchia Europa, come ogni cittadino debba essere libero di dire ciò che gli pare di una o di tutte le istituzioni, di condannare qualsiasi potere costituito e di propugnare anche una forma di governo assolutamente diversa da quella esistente.

In Italia, in vece, oggi che scrivo, si sbizzarrisce la tetra fantasia dei regii procuratori, nella ricerca di delitti immaginarii; il *Ça ira* odierno, con l' atroce ululato dei proletarii affamati, insanguina i sogni della polizia e il governo, nel nome della libertà, manifesta, per la stampa, propositi, che sono crudamente reazionarii, perchè ogni nuova legge su di essa, è una nuova legge contro di essa.

Nessuno nega che i governi abbiano diritto di difendersi, ma si difendano con la discussione e, sopra tutto, col ben fare, non con avvertimenti, sequestri e soppressioni (a dire il vero, in Italia, le soppressioni dei giornali non sono possibili, per l'editto del 1848), perchè è principio fondamentale di ogni umana giustizia, che nessuno possa essere giudice e parte ad un tempo.

L'uomo saggio, se attaccato giustamente, si vendica, correggendosi del difetto che gli si attribuisce; se è calunniato, si vendica col silenzio o con la dimostrazione della sua innocenza.

Così dovrebbero fare i governi, i quali poi devono governare a loro rischio e pericolo: buoni durino, tristi cadano, qualunque sia la loro forma.

Che cosa è, in ultima analisi, la libertà di stampa? Null'altro che la libertà di pensiero: l'una è indivisibile da l'altra. A che serve, in fatti, la libertà di pensiero, se manca la libertà di parola parlata, scritta o stampata?

Oggi il campo religioso è perfettamente libero. La figura sinistra di Simone di Monfort resta esecrata nel dominio della storia, a i piedi di Pietro Cardenal, che gli rotea contro il flagello del suo sirventese; il regno di Torquemada è passato per sempre; il turco e l'ebreo possono liberamente negare la divinità di Cristo; il protestante può, tanto nella sua chiesa, quanto su i giornali, protestare contro il culto dei santi e l'autorità del pontefice: la legge non punisce più lo scisma, l'eresia e l'apostasia.

La stessa libertà sia per la politica, perchè la licenza della stampa è uguale a l'eresia religiosa:

tanto l'una che l'altra non possono essere sottoposte che a due tribunali, al tribunale della discussione e a quello della ragione pubblica.

O *libertà assoluta* e quindi *discussione*, in tutte le sue forme (libri, giornali, incisioni, scuole, circoli ecc.); o *divieto assoluto* e quindi *insurrezione*, in tutte le sue forme (cospirazioni, sétte, ammutinamenti, rivolte ecc.).

Queste le due formule del De Girardin, formule che si consacrano l'una l'altra, perchè la tolleranza e la violenza son due cose, che si escludono a vicenda.

La libertà e la repressione sono due sistemi, ognuno dei quali ha le sue esigenze assolute. Bisogna scegliere o l'uno o l'altro.

L'inquisizione condannava, non discuteva.

Dove la società sa difendersi da sè, la legge non deve intervenire, ma lasciare che la lotta si svolga libera, fra le avverse dottrine.

Non mancheranno mai difensori a la società, per poco che si sappia onorare l'ingegno e il coraggio.

Ho voluto insistere principalmente su l'impotenza della stampa, perchè, una volta ammessa, è logico che si debba ammettere senz'altro la sua impunità, essendo i delitti, che le si attribuiscono, mancanti di base giuridica.

In molti tuttavia resterà il dubbio di questa mancanza di potere, specialmente quando la stampa si rivolge a la passione della moltitudine.

Ma anche ammesso, per un momento, che talvolta qualche influsso essa possa esercitare su l'*ambiente*, massime se questo trovasi in condizione favorevole a ricevere impressioni, forse che, perciò, la legge, intervenendo, non esercita ugualmente una funzione pericolosa e reazionaria? *La libertà guarisce le ferite da essa stessa arrecate*, proclamò un giorno, sia pure con le sole labbra, il console Bonaparte e tale sentenza, perchè detta da un despota, non cessa di essere una verità.

Dato quindi e non concesso, che la stampa possa talora eccitare la passione degli individui e delle moltitudini al punto, da provocare agitazioni (nego l'ipotesi, perchè, indipendentemente da essa, convulsioni popolari si manifesterebbero ugualmente, sotto la forza delle cause stesse, che la spinsero a l'attacco), io credo che tali agitazioni, considerate da un alto punto di vista, qualora non degenerino in gravi tumulti, non sieno dannose a l'aggregato sociale, perchè, scarcerando esse una grande quantità di energie fresche o mettendo in luce la carie d'un organismo politico o rivelando le insidie delle malattie sociali, anzichè impedire, promoverebbero la civiltà e il progresso.

Intendiamoci bene: non faccio l'apologia della rivolta. Dico solo questo, che le perturbazioni collettive, essendo cagionate sempre da disagi, più o meno gravi, d'indole economica o politica o morale, devono mettere in su l'avviso i governi, i quali, se non sono ciechi, sapranno trar profitto del doloroso fenomeno, per affrettarsi su la via delle riforme necessarie.

Del resto, ripeto, l' anima della totalità sociale non si lascia pigliare da le panie demagogiche ; il pubblico giudica i giornali con giusto concetto di quello che è o che deve essere il giornalismo e di questo sente gli errori ed i benefici, distinguendo quello buono ed onesto, da quello basato su camarille e su rancori personali.

È incontestato che la potenza non implica la utilità. Neghiamo la potenza del termometro e della bussola, ma non possiamo disconoscerne i vantaggi, Così, io ho negato il potere della stampa, ma non ho certo inteso, con questo, di negare la sua utilità: anzi, questa utilità stessa è un altro argomento, che avvalora la mia tesi.

La stampa, in fatti, è la luce. Per essa il pensiero umano si fa strada a traverso i dominii dell' errore e della superstizione ; per essa i beneficii della scienza si spargono in ogni angolo della terra; per essa noi possiamo figgere gli occhi nel fondo del genere umano, dove s' annidano tante infamie, dove agonizzano tante energie, dove lottano tante stanchezze e, per essa, vediamo famiglie divorate da la società, indigenze rôse da gli ordinamenti economici, piaghe incancrenite da gli ordini penali, costumi torturati da le leggi, tutto quello spettacolo di angoscia universale, che Gwynplaine, il terribile simbolo, denunziò a la Camera dei Lordi e che essa - la stampa - denunzia al Tribunale dell' Umanità.

Tale missione può essere forse impedita o intralciata da le leggi?

Ma allora che v' ha di comune tra legge e Diritto? che v' ha di comune tra la giustizia degli uomini e la Giustizia?

Repressa la paròla rivelatrice, rimane il dolore, che è forza viva, che determina l' azione incomposta. Il moto degli animi non si arresta, continua più impulsivo, più intenso di prima, finchè scoppia l' azione rivolgitrice. Libera invece la parola, libera la discussione di questo dolore e la ricerca delle sue cause, l' evento è reso impossibile.

Il Diritto e la Giustizia negano adunque l' esistenza dei delitti politici di stampa.

Non vi sono delitti riflettenti gli ordini costituiti, perchè, essendo questi evoluti ed evolutivi e quindi riformabili, possono da gli uomini essere attaccati, per qualsiasi ragiòne, sia che, apparentemente o realmente, non corrispondano più a le necessità storiche del momento progredito, sia che abbisognino, secondo il parere di chi li combatte, di una riforma parziale o totale.

D'altra parte, essi trovano sempre, nella stampa ortodossa, la più valida difesa a i colpi avversarii: cosi, in fatti, avvenne, che, durante la Rivoluzione francese, a l'*Ami du Peuple* del Marat, si opponesse, con sincerità e coraggio, l'*Ami du Roi,* dell' abate Royen, che Mirabeau chiamava il Marat della Thuilerie.

Se poi l' attacco non ha ragione d' essere, tali

istituti trovano in sè stessi e nel proprio perfezionamento la forza necessaria per resistere e trionfare.

Dunque non più delitti di eccitamento a l'odio contro il governo o fra le classi sociali! Il disprezzo, come l'odio, non è un delitto e quello che non è delitto in sè, non può divenir tale, mediante l'eccitamento.

Oltre a ciò, per poter eccitare a l'odio, non occorre forse che la ragione d'odio esista? E se questa esiste, come conoscerla, nella sua essenza, come eliminarla, se non la si discute ampiamente e liberamente?

Non più delitti per apologia di reati! Tali figure giuridiche non contrastano con l'etica universale, perchè emergono, tante volte, dal sentimento di ammirazione, cui l'anima umana innalza al martire e a l'eroe. — Le immagini di Giordano Bruno, di Giovanna d'Arco, di Beatrice Cenci si presentano a la nostra mente circonfuse da l'aureola del martirio e non può essere delittuosa l'esaltazione dei fatti, che trassero al supplizio queste anime forti. Se tale disposizione di legge, osserva il Tamburo, fosse esistita nel secolo scorso, avrebbe certamente colpito il Furgot, il quale sosteneva la legittimità del prestito ad interesse, che, in quel tempo, era tenuto come reato,

Non più delitti contro l'istituto della famiglia! altrimenti bisognerebbe colpire anche i sostenitori del divorzio e coloro che affermano, con Erberto Spencer, che verrà tempo, in cui l'unione per l'affetto sarà considerata come più importante di quella per la legge.

La famiglia, non ostante i suoi mutamenti organici, a traverso le età, riposa sopra una legge di natura e il suo culto è innato nel cuore dell'uomo: un colpo di penna non vale ad estirparlo.

Non più delitti di attentati teorici contro la proprietà! Una legge fatale, come quella della morte, presiede a tutte le trasformazioni dell'economia: il cambiamento di un sistema altro non è, che l'espressione storica dell'evoluzione e quindi un fenomeno necessario, legittimo e indipendente da ogni tesi teoretica. Il Marx, il George, il Ricardo, il Rodbertus, il Lassalle, sono gli eroi, ed eroi non necessarii, della futura rivoluzione economica.

Non più procedimenti per attacchi a la morale! Chi indaga la storia dei sentimenti vede che non vi è nulla di fisso in loro, ma che variano continuamente, nel tempo e nello spazio. Ecco perchè tipi stabili di morale non possono esistere. Quella che è la morale d'oggi, è ben diversa da quella che era la morale di ieri. Di mano in mano che l'uomo avanza negli ingranaggi della sociabilità, il senso morale si manifesta sotto aspetti diversi. Secondo il costume di molti popoli, l'omicidio, per vendetta di sangue, era, non soltanto tollerato, ma anzi, per il figlio dell'ucciso, costituiva un sacro dovere. Nel diritto di Costantino e di Giustiniano, era lecito che il padre vendesse, per estrema povertà, i figli neonati e, a Sparta, non si puniva il furto, se fatto destramente. L'ignominia della schiavitù dominò, per lungo volgere di secoli, nelle passate civiltà, come un assioma della loro morale, come un sistema della loro organizzazione economica e vi furono tempi, in cui la pazzia fu considerata vera delinquenza e sottoposta a la cura del cavalletto e del rogo.

Dunque, se la morale è materia progressiva, perchè non deve essere soggetta a controversia? e con qual diritto si può condannare chi discopre le *iniquitates iuris* della morale oggi esistente?

Ma siamo veramente moderni! La si è finita con i delitti immaginarii della stregoneria e la si finisca anche con questi delitti, non meno immaginarii, della stampa! Lo richiede il diritto, lo richiedono il progresso e la civiltà nova, perchè oggi, in fatto di libertà di stampa, siamo, quasi da per tutto, nello stesso periodo arcaico, in cui erano le scienze, prima del Galilei, del Volta, del Lavoisier e le arti belle, prima che assurgessero a quella *divina simmetria,* che era il sogno di Leonardo da Vinci.

È tempo ora mai di riconoscere che, in fatto di opinioni, in qualunque forma sieno espresse, non è ammissibile che un solo tribunale, quello del buon senso pubblico, le cui sentenze di condanna valgono a proteggere l'ordine e la verità assai meglio di qualsiasi requisitoria di ministero pubblico, perchè l'ostracismo sociale, che è la pena da esse comminata, è il freno più umano, logico ed efficace contro le deviazioni e gli abusi di questa libertà.

Ma, pur troppo, non ostante l'età matura, prima che il legislatore s' induca a sciogliere da tutti i lacci l' idea e lo spirito, chi sa quanti scrittori culti e arditi, che pensarono la stampa libero arringo e il giornale sperarono rispettato simbolo di sacerdozio, nel fondo d' un carcere dovranno pensare a le sconsolate parole di Enrico Heine: *O Freiheit, du bist ein boeser Traum!* O libertà, tu sei un cattivo sogno!

Verona 1-15 maggio "97.

CPSIA information can be obtained
at www.ICGtesting.com
Printed in the USA
BVHW041522231118
533817BV00018B/1094/P

9 780483 347205